AF298059

8

Lk § 16.

QUELQUES MOTS

SUR LA NÉCESSITÉ

DE SOUMETTRE TOUS LES HABITANTS DE L'ALGÉRIE

A LA LOI FRANÇAISE

PAR

CH. GILLOTTE

Défenseur à Constantine

PREMIÈRE PARTIE

CONSTANTINE

TYPOGRAPHIE AMAVET

1858

Quelques mots sur la nécessité de soumettre tous les habitants de l'Algérie à la loi française.

PREMIÈRE PARTIE.

LES JUIFS.

On se préoccupe en ce moment de la question de savoir s'il n'y aurait pas. lieu de modifier l'état actuel des Israélites indigènes.

Les tribunaux de l'Algérie ont jusqu'à ce jour, rendu des jugements qui, loin d'établir une jurisprudence uniforme, tendent à prouver qu'il est indispensable de compléter la législation qui les régit.

N'ayant d'autres prétentions que celle de payer notre tribut au Gouvernement qui dédaigne les anciens errements et entre franchement dans la voie du progrès, nous n'hésitons pas à dire, que pour faire le travail qui va suivre, nous n'avons pas craint de puiser à toutes les sources, et de faire des emprunts à tous les auteurs qui soit directement, soit indirectement, ont écrit sur la matière.

Afin de traiter avec le plus d'ordre qu'il est possible, tout ce qui concerne le sujet que nous abordons, nous poserons et nous essaierons de résoudre les questions suivantes :

1° Quel est l'état actuel des Israélites indigènes en Algérie ?

2° Quel pourrait-il être à l'avenir ?

3• Quels sont les moyens de parvenir aux modifications jugées utiles ?

4° Rencontrera-t-on chez les Israélites une opposition sérieuse et raisonnable ?

§ 1.

Quel est l'état des Israélites indigènes en Algérie...

sont-ils Français ou étrangers... ou simplement assimilés aux étrangers ou aux Français? aux termes de la loi métropolitaine, *on naît français* ou *on le devient* par un bienfait de la loi postérieure à la naissance.

Naît français... tout individu né en France ou même en pays étrangers d'un français n'ayant jamais perdu cette qualité (Code Nap. Art. 10). *Devient* français : 1° tout individu qui, né en France d'un étranger, remplit les conditions imposées par l'article 9 du Code Napoléon ; 2° tout individu qui, né en pays étranger d'un français qui avait perdu cette qualité, satisfait aux conditions de l'article 10 du même Code ; tout individu citoyen ou membre d'un état adjoint ou réuni à la France, par l'effet d'une conquête ou d'un traité, dans le cas *exceptionnel* ou la loi particulière de cet État a été abrogée par l'État auquel il a été annexé ; 4° tout individu naturalisé français (loi du 3 novembre 1849, art. 1 § 2) ; toute femme étrangère qui épouse un individu français, au moment du mariage, sans autre condition que ce mariage et sous les conditions de l'article 9 précité, si elle épouse un individu devenu français depuis le mariage.

Aucun texte de la loi coloniale n'a, ni implicitement ni explicitement dérogé ou innové en rien à la loi métropolitaine sur les moyens et les conditions de l'acquisition de la qualité de français.

Plusieurs textes au contraire démontrent, directement ou par voie de conséquence, que les habitants de l'Algérie, à quelque nation, corporation ou communauté qu'ils appartiennent, maures, arabes, juifs, sans distinction, ne sont pas français et que pour acquérir la qualité d français ils doivent, suivant le cas, se conformer aux prescriptions de la loi française à l'égard des étrangers proprement dits, ou à l'égard des enfants d'étrangers nés sur le sol français (1), il suffit pour le prouver d'interroger les trois ordonnances des 10 août 1834, 18 février 1841 et 26 septembre 1842.

La première porte (art 53) : Les tribunaux israélites connaissent en dernier ressort : 1° des contestations entre Israélites, concernant la validité ou la nullité des mariages et répudiations selon la loi de Moïse ; des infractions à la loi religieuse, etc....

La deuxième, il est vrai, est venue enlever aux ministres du culte israélite toute juridiction civile sur leurs coreligionnaires et a rendu ces derniers exclusivement justiciables des tribunaux français ; mais l'article 37 § 3 n'en dispose pas moins, que les contestations entre Israélites indigènes relatives à l'état-civil, seront jugées selon la loi religieuse des parties ; et l'article 50 ajoute que les rabbins sont appelés à donner leur avis par écrit, sur les contestations rela-

____

(1) La plus grande partie de ce paragraphe est empruntée à un excellent article de M. Frégier, publié dans le *Recueil de jurisprudence Algérienne*, mai et juin 1853.

tives à l'état-civil, aux mariages et répudiations entre Israélites, et que cet avis doit demeurer annexé à la minute du jugement rendu par les tribunaux français.

Mêmes dispositions dans l'ordonnance du 26 septembre 1842, articles 37 et 49, il suit donc de là que, comme l'a fort bien dit l'auteur de remarquables articles sur les Juifs algériens, insérés dans les *Archives israélites de France* (Cohën, numéro de janvier 1843, page 49), leur Etat civil lui-même, notamment en ce qui concerne le mariage, conserve encore les principes de l'organisation ancienne *(Ménerville, Recueil de Jurisprudence.)*

Dans la collection des *Actes du Gouvernement en Algérie* depuis l'occupation d'Alger jusqu'à nos jours, on rencontre à chaque pas la distinction des habitants de l'Algérie en Français, Etrangers, Européens, Indigènes soumis ou insoumis, Maures, Arabes, Turcs, Israélites, etc., régis chacun par des lois, des réglements spéciaux, qui laissent intacts leurs lois ou usages particuliers. (Voir notamment les divers arrêtés relatifs à l'organisation de la justice, de la milice et des troupes indigènes; voire aussi un arrêt de la Cour impériale d'Alger, du 4 décembre 1852) *(Fregier.)*

Les Israélites sont en Algérie ce qu'étaient en France leurs coreligionnaires avant 1791.

Depuis Henri II (1560) jusqu'à Louis XVI (1777), des lettres patentes renouvelées de siècle en siècle leur avaient accordé la liberté de vivre selon leurs usages avec défense de les y troubler, tant en jugement que dehors..... et quel était, relativement au mariage, par exemple, l'effet singulier de ce privilége? C'était de les soustraire à l'empire de nos lois pour y substituer les leurs; c'est ainsi que, par sentence du 10 mai 1779, on a vu le Grand-Châtelet de Paris admettre sur le rapport de deux rabbins une demande en divorce formée par un Juif de Bordeaux contre sa femme *(Ménerville.)*

Pour indiquer nettement la position des Juifs indigènes en général vis-à-vis des Français et des Européens en Algérie, nous dirons avec M. Frégier, en nous inspirant des idées de Pothier, le Juif indigène n'est ni étranger, comme l'Européen, — ni *naturel* Français, comme le Français ou indigène de la métropole né de Français, — ni *naturalisé* Français comme l'étranger qui obtient des lettres de naturalisation ou de naturalité, — ni simplement *naturalisable* comme l'étranger Européen ; il est moins que le *naturel*, dont il ne supporte pas toutes les charges (notamment le service militaire) et dont il ne partage ni les droits civiques ni certains droits civils, il est plus que le simple *naturalisable*, à qui, toutes choses égales, il est plus difficile d'arriver au titre de citoyen français; sa position est donc celle de l'étranger (Art. 9 1, Code Nap.) s'il est né avant la conquête de l'Algérie et, s'il est né après la conquête, il tient en quelque sorte le milieu entre l'étranger naturalisable et l'étranger naturalisé. (Fregier, *Recueil de Jurisprudence* publié par Branthomme, 1853.)

De cet état de choses résultent des inconvénients graves. Ainsi par exemple, un jugement rendu par le tribunal de Constantine le 20 octobre 1856, décide que depuis l'ordonnance du 9 novembre 1845, les rabbins n'ont pas caractère pour conférer les effets civils au mariage, à la célébration duquel ils procèdent.

Par arrêt en date du 29 janvier 1857, la Cour, visant des considérations d'un ordre très-élevé infirme le jugement sus-daté et décide que l'état-civil du juif algérien n'a reçu aucune modification et qu'il continue d'être régi par les principes de l'ancienne organisation. Enfin, par un jugement tout récent, le tribunal d'Oran approuvant les idées émises par le tribunal de Constantine, déclare que l'Israélite est régi par la loi française. Cette divergence d'opinion fait comprendre l'importance et l'urgence de certaines modifications dans une législation évidemment insuffisante.

§ 2.

Quel pourrait être à l'avenir l'état des Israélites indigènes ?

Chassés de la Palestine vers les premiers temps de l'ère chrétienne, les Juifs furent dispersés par ordre de l'empereur Titius.

Depuis cette époque, n'ayant plus de nationalité qui leur fut propre et particulière, les Juifs, sans perdre le souvenir de leurs lois furent obligés, dans leurs rapports avec les régnicoles des États qui leur offraient l'hospitalité, d'accepter et d'observer la loi du prince.

Si dans leurs rapports particuliers d'autres règles étaient suivies, c'était le résultat d'un pacte ou d'un compromis tacite, dernier hommage rendu à une législation expirante.

Après bien des vicissitudes, les Juifs fixés en France, furent enfin l'objet d'un acte de justice. Par un décret en date du **27** décembre 1791, sanctionné le 13 novembre suivant, on fit disparaître « tous les » ajournements, réserves et exceptions inscrits dans » les précédents décrets, relativement aux individus » Juifs qui sont admis à prêter le serment civique, » qui fut regardé comme une renonciation à tous » priviléges et exceptions précédemment introduits » en leur faveur ou édictés contre eux. »

Le décret impérial du 30 mai 1806 institua une assemblée d'individus professant la religion juive et habitant le territoire français.

Le but du congrès était de répondre à un certain nombre de questions dont la solution permettrait d'apprécier sainement l'opportunité d'une assimilation complète.

Les 4, 7 et 12 août 1806, cent treize députés juifs se réunirent, et avant de formuler leur avis sur les questions posées déclarèrent solennellement :

« Que leur religion leur ordonnait de regarder
» comme loi suprême la loi du prince, en matière
» civile et politique; qu'ainsi, lors même que leur
» code religieux, ou des interprétations qu'on lui
» donne, renfermeraient des dispositions civiles ou
» politiques qui ne seraient pas en harmonie avec
» le code français, ces dispositions cesseraient dès
» lors de les régir, puis qu'ils doivent avant tout,
» reconnaître la loi du prince et lui obéir.

» Que par une suite de ce principe, dans tous les
» temps les Juifs s'étaient fait un devoir de ce sou-
» mettre aux lois de l'État, et que depuis la Révo-
» lution ils n'en avaient pas reconnu d'autres. »

Après cette profession de foi, ils formulèrent leur avis sur les questions soumises à leur examen.

Nous n'entrerons pas dans le détail des réponses qu'on trouve dans le répertoire de jurisprudence de Merlin (t. 8. vᵒ Juifs). Qu'il nous suffise de rapporter les paroles prononcées à l'assemblée générale des députés Israélites, le 18 septembre, par les commissaires impériaux (Molé, Pasquier, Portalis).

« Sa Majesté assure aux Juifs le libre exercice de
» leur religion et la pleine jouissance de leurs droits

» politiques ; mais en échange de l'auguste protection
» qu'elle leur accorde, elle exige l'entière observa-
» tion des principes exposés dans le travail des
» membres du congrès. »

Un grand sanhédrin fut convoqué, et du 9 février
1807 an 4 mars suivant, il rendit des décrets qui,
adoptés en échange des dispositions bienveillantes
du chef de l'État, permirent enfin de faire disparaître
les obstacles qui tendaient à élever une barrière
entre deux classes de citoyens qui, pour avoir des
religions différentes, n'en avaient pas moins des
titres égaux à la protection d'un chef commun.

Le temps des préjugés est passé, chaque jour
efface plus complètement les distinctions que l'igno-
rance des siècles ou la nécessité des époques avaient
fait naître. Dix-huit années d'expérience nous ap-
prennent que les Israélites indigènes qui ont si
vite appris à parler notre langue, qui se sont si
vite habitués à notre domination, doivent être assimilés complètement.

En Algérie moins que partout ailleurs, un chan-
gement d'état pourrait faire naître des craintes.
La forme du gouvernement colonial est telle, que
l'exercice mal compris des droits attachés à la qualité de français, ne saurait être redouté.

En les assimilant, nous relevons les Israélites à
leurs propres yeux, nous les séparons de la race indigène qui leur a demandé tant de sacrifices de tous

genres et nous nous les attachons par les liens de la reconnaissance.

Puisqu'il n'y a plus de nation juive ne conservons pas au milieu de nous des Ilotes qui, sans lois fixes, sans statut personnel, bien arrêté, sont obligés d'accepter sans résistance possible, la loi de ceux qui les tolèrent.

Que l'application de cette loi soit franche et loyale, qu'elle soit faite partout avec cette unité qui est un des éléments de sa force.

L'ordonnance du 10 août 1834 (art. 43), instituait des tribunaux israélites.

L'ordonnance du 26 septembre 1842 (art. 49), rapporte implicitement les dispositions de l'ordonnance de 1834 et ne s'explique pas sur l'état des Israélites indigènes.

Fort embarrassés, les tribunaux ne pouvant, à cause de l'insuffisance des textes, suivre une règle unique, donnent des solutions fondées sur l'appréciation personnelle des magistrats, et non sur la loi.

Les jugements des tribunaux de Constantine et d'Oran, l'arrêt de la Cour démontrent que dans l'intérêt bien entendu de la justice, il est indispensable de prendre des mesures nouvelles.

L'assimilation est le seul moyen, croyons-nous, de mettre fin à toutes les incertitudes en fixant définitivement la nature des rapports des indigènes israélites entre eux et des indigènes israélites avec les Européens.

Du moment où sur toutes contestations, soit de coreligionnaires à coreligionnaires, soit d'Israélites indigènes à Européens, les tribunaux français sont appelés à statuer, n'est-il pas juste de traiter tous ceux qui se présentent suivant la loi française ?

Si le gouvernement ne l'avait voulu ainsi, il aurait évidemment dès le principe, exigé des magistrats, comme garantie de capacité, l'étude des lois de Moïse.

Nous pensons donc qu'il y aurait lieu, sinon à l'assimilation complète, du moins à l'assimilation définitive en ce qui touche l'obéissance à une loi civile unique.

§ 3.

Quels sont les moyens de parvenir aux modifications jugées utiles ?

Les Israélites intelligents n'hésiteront pas à accepter comme un bienfait l'assimilation projetée; la classe ignorante (elle est nombreuse!) ne cherchera pas à faire de l'opposition, mais peut-être opposera-t-elle une résistance passive à l'idée de progrès si l'on ne prend la précaution de légitimer à ses yeux la mesure, en convoquant les docteurs de la loi, qui donneront, sous forme de décret sanhédrique le résultat des opinions débattues.

Rien n'empêche que reproduisant les dispositions du décret du 9 février 1807, l'assemblée des notables ne déclare,

Sur la polygamie :

. . . . Que si, à la vérité, la polygamie est permise par la loi de Moïse, elle n'est qu'une simple faculté subordonnée à la condition d'avoir une fortune suffisante pour subvenir aux besoins de plus d'une épouse.

Que, dès les premiers temps de la dispersion, les Israélites répandus dans l'Occident, obligés de mettre leurs usages en harmonie avec les lois civiles des Etats dans lesquels ils s'étaient établis, avaient généralement renoncé à la polygamie, comme une pratique non conforme aux mœurs des nations.

Que ce fut pour rendre hommage à ce principe de conformité en matière civile, que le synode tenu à Worms, en l'an 4790, a prononcé anathème contre tout Israélite qui épouserait plus d'une femme.

« En conséquence, — qu'il est défendu aux Israélites indigènes d'épouser une seconde femme du vivant de la première, à mois qu'une séparation de corps avec celle-ci, prononcée conformément aux dispositions du Code Napoléon et suivi du divorce religieux ne les ait affranchi des liens du mariage. »

Sur le divorce :

..... Qu'aux yeux de tous les Israélites indigènes sans exception, la soumission à la loi du prince doit être le premier des devoirs ;

Que si la répudiation est permise par la loi de Moïse, elle n'est point valable, si elle n'est précédée d'une séparation de corps prononcée par les tribunaux, en vertu du Code français.

Sur le mariage :

..... Qu'il est d'obligation religieuse pour tout Israélite indigène de regarder désormais les mariages civilement contractés comme emportant obligation civile ;

En conséquence, — qu'il est défendu à tout rabbin ou autre personne de prêter leur ministère à l'acte religieux du mariage, sans qu'il leur ait apparu auparavant de l'acte des conjoints devant l'officier de l'état-civil conformément à la loi.

En outre que les mariages entre Israélites et chrétiens, contractés conformément aux lois du Code civil, sont obligatoires et valables civilement, et que bien qu'ils ne soient pas susceptibles d'être revêtus des formes religieuses, ils n'entraîneront aucun anathème.

Sur les rapports civils et politiques :

..... Qu'il est de devoir religieux pour tout Israélite né et élevé dans un Etat, ou qui en devient citoyen par résidence ou autrement, conformément aux lois qui en déterminent les conditions, de regarder ledit Etat comme sa patrie ; que ces devoirs qui dérivent de la nature des choses, qui sont conformes à la destination des hommes en société, s'accordent, par cela même, avec la parole de Dieu;

Que tout prescrit à l'Israélite d'avoir pour son prince et ses lois, le respect, l'attachement et la fidélité dont tous ses sujets lui doivent le tribut;

Que tout l'oblige à ne point isoler son intérêt de l'intérêt public, ni sa destinée, non plus que celle de sa famille, de la destinée de la grande famille de l'Etat; qu'il doit s'affliger de ses revers, s'applaudir de ses triomphes et concourir, par toutes ses facultés, au bonheur de ses concitoyens.

Un procès-verbal, rédigé en ce sens et traduit en hébreu, serait rendu public par tous les moyens possibles, et notamment par la lecture dans les synagogues, pendant toute une année.

Puis un décret impérial interviendrait qui, légitimant tont ce qui a été fait jusqu'à ce jour suivant la loi de Moïse, imposerait à tous les Israélites l'obligation de se conformer dorénavant à la loi française; la loi religieuse restant seulement pour eux loi de conscience et de for intérieur.

§ 4.

Trouvera-t-on chez les indigènes israélites une opposition sérieuse et raisonnable?

Nos lois froisseront-elles leurs habitudes et leurs principes ?

Nous n'hésitons pas à répondre.... Non!

Il existe entre les lois de Moïse et le Code civil, moins de différence qu'on ne serait tenté de le croire.

Pour le démontrer, il nous suffira de faire quelques pas en arrière.

L'étude du droit du monde antique comprend, dit Victor Hennequin :

Les lois de Moïse;

La législation de Rome païenne;

La doctrine de Jésus-Christ;

Le droit romain transformé par cette doctrine.

Constantinople élève une barrière entre le droit ancien et le droit moderne, car le droit romain transformé par la religion du Christ engendre le droit civil français et le droit musulman.

Nous avons eu l'occasion de dire, en publiant un Essai de Droit musulman; que nous avions été frappé de l'analogie qui existait entre la loi musulmane et la loi française cette analogie est encore plus grande entre le droit français et le droit des Juifs, cela tient assurément à ce que le droit musulman, comme le droit français modifié par le droit romain, a une souche commune, le droit hébraïque!

Nous n'avons pas certes la prétention de faire un cours de législation comparée! Sans passer en revue les différentes phases du droit français, ce qui pourrait paraître par trop prétentieux, nous ne devons pas manquer de faire très succinctement l'exposé de la législation des Israélites, afin d'arriver logiquement aux conclusions que nous nous proposons de déduire.

La source du droit des Juifs est la même que celle de leur religion.

C'est l'ouvrage qu'ils désignent (comme les Musulmans désignent le Coran) par cette expression, *le livre par excellence;* le *Sapher* en hébreu, la *Bible* en grec.

Dans ce livre universel, on trouve de tout, histoire, droit, philosophie.

Après la Bible vient le Pentâteuque qui a un caractère spécialement législatif; il se divise en cinq livres :

La genèse ;
L'exode qui pose les bases de la législation;
Le Lévitique ;
Les nombres ;

Le deuteronome ou complément de la loi.

L'ensemble de ces livres est appelé la loi; puis viennent les Prophètes : sous ce titre, les Juifs rangent Josué, les juges, Ruth, les rois et tous les prophètes, excepté Daniel.

Nous ne nous lancerons pas dans les discussions scientifiques qui ont pour but d'éclairer la question de savoir quel est l'auteur du Pentâteuque; il nous importe peu de savoir si Moïse, après avoir inspiré le fond, a rédigé le texte!!

Il nous suffira de rapporter qu'après la captivité les rabbins et les docteurs interprétèrent la loi de Moïse, et pour donner à leur jurisprudence une autorité suffisante, alléguèrent qu'elle avait été donnée verbalement à Moïse sur le mont Sinaï.

En l'an 170 de Jésus-Christ, le rabbin Judas recueillit cette jurisprudence et la publia sous le titre de Mischna.

La contreverse s'établit sur ce nouvel ouvrage et une glose parût à Jérusalem sous le nom de Ghemara. Babylone produisit ainsi sa Ghemara et la réunion de cet ouvrage à la Mischna forma le Thalmud.

Le Thalmud comme le Digeste des Romains est à la fois un commentaire et une loi : à la suite du texte, les commentaires viennent l'éclairer en le développant.

C'est le Thalmud qui, aujourd'hui encore, sert de guide aux tribunaux rabbiniques.

Le droit romain qui rayonne maintenant sur le monde entier, n'a pas d'autre source que la loi de Moïse.

Or, descendant direct des lois romaines, le code français touche par une parenté bien rapprochée aux constitutions du mosaïsme.

Il nous serait bien facile, du reste, d'établir pé-remptoirement que le mosaïsme ne nous est pas parvenu dans sa pureté originelle, et que si les principes du droit des Israélites ont été les mêmes que ceux de notre droit particulier, la foule des commentateurs de la loi en a altéré l'esprit et la portée; l'état de servitude du peuple Juif l'a souvent forcé à subir des coutumes que la loi du plus fort lui a imposé, bien qu'elles fussent contraires à ses principes.

Nous nous bornerons à citer deux exemples pour démontrer la vérité de ce que nous avançons, car les limites du cadre fort étroit, que nous nous sommes imposé, ne nous permettent pas d'aborder des questions nombreuses et intéressantes assurément, mais dont l'examen nous entraînerait malgré nous.

Du temps des patiarches, le but unique du mariage hébreu était de perpétuer la famille, aussi les voyons-nous dominés par cette pensée !

Sarah ne peut enfanter : elle présente à son mari, Agar, esclave égyptienne, acquise pendant le séjour d'Abraham dans la terre de Pharaons :

— Vois, dit Sarah, par celle-ci peut-être aurais-je des fils. (Milon cité par Eusèbe, préparation évangélique, liv. 9, chap. 9.)

A l'âge de quarante ans, Esaü choisit deux épouses, Judith et Basemath.

On sait que Jacob épousa Rachel et Lia : la seconde fut d'abord dédaignée; mais elle reprit courage en devenant mère de quatre enfants, Rubens, Siméon, Lévi, Juda, pendant que sa sœur demeurait stérile.

Rachel pleine d'envie dit à son mari :

— « Donne-moi des enfants ou je meurs.

— Suis-je Dieu? répond Jacob.... Rachel recourt à l'expédient de Sarah: — J'ai ma servante Bala : approches-toi d'elle, qu'elle me donne des enfants. » *(Victor Hennequin.)*

Moïse trouva chez les hébreux le mariage des patiarches, mais en sage réformateur, il comprit que chez un peuple dégradé par l'esclavage égyptien il ne fallait pas commencer ses améliorations par la destruction de tout ce qui existait, il ne défendit pas la polygamie, mais en la tolérant il promulgua des lois tendant à protéger les femmes, les enfants, et il saisit même les occasions de flétrir cet état, comme un état contraire aux volontés de l'Éternel.

Ainsi à la première page de la genèse il rapporte ces paroles du Seigneur : « Il n'est pas bon que l'*homme* soit seul ; je lui ferai *une aide* qui lui convienne » ou le mot aide est au singulier; de même que dans les paroles suivantes : « C'est pourquoi l'homme laissera son père et sa mère et il se joindra à sa femme et ils seront une même chair. »

Il n'y a pas à *ses* femmes, mais à *sa* femme... puis

le divin législateur met en relief la conduite de Noé et de ses fils, qui tous n'avaient qu'un eseule femme... il trace le tableau du bonheur dont jouissait Isaac qui n'avait qu'une seule femme, et des revers de Jacob qui, non par son propre choix, mais par la méchanceté de Laban et la folie de ses filles, en avait pris plus d'une ; enfin, Moïse lui même montra, par son exemple, quelle conduite le peuple d'Israël devait suivre à cet égard en n'épousant qu'une seule femme *(P. J. Oslèr)*.

Pour contracter mariage les formalités étaient à peu de choses près, celles qu'imposent le Code Napoléon.

Le consentement des deux époux était sollicité publiquement à la porte de la ville. Là, en présence du peuple assemblé, on dressait le contrat de mariage qui, en donnant acte du consentement, renfermait les conditions particulières qui devaient régir l'union, le mariage religieux était ensuite célébré.

La difficulté du mode de transmission de la loi orale, le contact avec les peuples d'Orient, ont fait persévérer les Israélites dans certaines coutumes dont ils se déferaient facilement comme leurs coreligionnaires Européens, si des rabbins intelligents leur rappelaient les vrais principes de la loi de Moïse.

Avec le concours des Israélites influents, le gouvernement français ne rencontrera nulle part une résistance sérieuse ou une opposition systématique.

Nous ne nous dissimulons pas l'insuffisance de nos raisonnements... on nous tiendra compte, nous l'espérons, des efforts que nous avons fait, que nous ferons toujours pour contribuer dans la mesure de nos forces, à obtenir des résultats avantageux pour tous!...

Constantine, le 3 mars 1858.

www.ingramcontent.com/pod-product-compliance
Ingram Content Group UK Ltd.
Pitfield, Milton Keynes, MK11 3LW, UK
UKHW022246070726
13613UKWH00005B/2132